AF193198

Cielo de papel

Cielo de papel

Pedro Carranza

Círculo Rojo
EDITORIAL

Primera edición: julio 2025

Depósito legal: AL 5882-2025

ISBN: 979-13-7016-992-3

Impresión y encuadernación: Editorial Círculo Rojo

Editorial Círculo Rojo
www.editorialcirculorojo.com
info@editorialcirculorojo.com

Impreso en España — Printed in Spain

a mi madre

HERÁCLITO

Heráclito camina por la tarde
de Éfeso. La tarde lo ha dejado,
sin que su voluntad lo decidiera,
en la margen de un río silencioso
cuyo destino y cuyo nombre ignora.
Hay un Jano de piedra y unos álamos.
Se mira en el espejo fugitivo
y descubre y trabaja la sentencia
que las generaciones de los hombres
no dejarán caer. Su voz declara:
*nadie baja dos veces a las aguas
del mismo río.* Se detiene. Siente
con el asombro de un horror sagrado
que el también es un río y una fuga.
Quiere recuperar esa mañana
y su noche y la víspera. No puede.
Repite la sentencia. La ve impresa
en futuros y claros caracteres
en una de las páginas de Burnet.
Heráclito no sabe griego. Jano,
Dios de las puertas, es un dios latino.
Heráclito no tiene ayer ni ahora.
Es un mero artificio que ha soñado
un hombre gris a orillas del Red Cedar,
un hombre que entreteje endecasílabos
para no pensar tanto en Buenos Aires
y en los rostros queridos. Uno falta.

Jorge Luis Borges

PRÓLOGO

Mi amigo y joven poeta, Pedro Carranza, me ha confiado la tarea de prologar su obra primigenia. Al principio, estuve muy cerca de rechazar la invitación pues se trataba de un escritor nobel y mi mentor Miguel Rollón (D.E.P.) me dijo una vez que el primer poemario de un poeta suele ser flojo.

Mas cual fue mi sorpresa al leer poemas de Carranza como *Mujer* o *Abril*, desde que los leí, tuve hambre de los versos de Pedro y empecé a engullirlos con la pasión con la que hace unos años devoré a los grandes maestros.

Evidentemente a Pedro le queda camino por recorrer, como a mí, pero quizás ese recorrido sea más hermoso que el comienzo.

En esta obra de Pedro Carranza que tiene el precioso título de *Cielo de papel*, podemos disfrutar de los temas que inquietan a nuestro autor como: la Literatura, el Amor, los sentimientos íntimos, Dios o la Tauromaquia.

No voy a juzgar a Pedro como persona, éste no es el lugar, pero sí quiero dejar por escrito que nos une una gran amistad. Tengo que decir que esto no me ha influido en la opinión de su Lírica y para comprobarlo solo debes atreverte a leer los versos de este libro.

Miguel Creces
Ingeniero y poeta

11

1. LITERATURA

CIELO DE PAPEL

Quisiera pintar el cielo,
hacerlo mío,
doblar sus esquinas
como quien dobla un papel,
y en cada pliegue guardar el suspiro
de un sueño eterno que aún no sé.

Con un lápiz de luna,
trazaría constelaciones,
donde las estrellas sean palabras
y los cometas pensamientos
que se escapan,
como secretos al viento,
como hojas de un poema en el aire.

Ese cielo de papel,
tan frágil y tan mío,
lo colgaría en mi ventana
para verlo cada día,
para sentir que el universo
cabe entre mis manos,
como un simple papel doblado.

Y cuando el tiempo lo desgaste,
cuando la lluvia borre sus colores,
desplegaré otro cielo de papel
y volveré a soñar en él,
como quien dobla un pedazo de cielo
y se lo guarda en el corazón,
para que nunca se apague
su tenue fulgor.

14

LOCURA

No digas mi nombre —dijo la sombra—
soy apenas la fiebre que el alma no enfría,
el vértigo dulce de una flor en otoño,
la risa de un dios que olvida su geometría.

He amado con lenguas que no me pertenecen,
he llorado por cosas que nunca viví,
y sin embargo, cada lágrima tiene
la forma precisa de lo que perdí.

Soy un hombre normal —me repito a diario—
pero me habitan cien hombres distintos,
uno escribe cartas que nunca envío,
otro inventa puentes en mundos extintos.

¿Es locura o es vida lo que me despierta
cuando el viento escribe en mi piel su oración?
Pessoa sabría que soy muchos en uno,
Borges diría: "es un eco, una ficción".

Y sin embargo amo —con Neruda en las venas—
como si el cuerpo fuera templo y trinchera,
como si besar fuera salvar de la guerra
al último niño que aún sueña la primavera.

Benedetti susurra desde algún mediodía:
"no temas sentir, que es lo único cierto",
y yo me abandono, con toda mi herida,
a esta soledad que se vuelve concierto.

Así vivo, así río, así muero y regreso,
un alquimista de instantes y dudas,
mi patria es el alma, mi lengua el exceso,
y mi casa —lo juro— es la locura.

2.AMOR

MUJER

Eres la forma antigua del milagro,
la cifra que el arcángel no descifra,
la sed que no consuela el universo,
el alba que no alcanza la mirada.

Te pienso y es pensar la biblioteca
que Dios dejó al morir la última estrella,
el eco de un amor que fue primero
que el tiempo, que el lenguaje, que la espera.

No te conoce el mundo, más te intuye
en cada rosa absurda de los sueños,
en cada laberinto sin salida
que guarda, en su centro, tu reflejo.

Te amo como se ama lo imposible,
lo que ya fue y no puede ser negado,
te amo en los intersticios del silencio,
en la música oculta del pasado.

Eres mujer, y en ti canta el abismo
con voz de eternidad y de promesa,
y en tu mirar —tan vasto como el tiempo—
habita Dios, dormido en tu belleza.

TE QUIERO LA VIDA, AMOR

A la memoria de Antonio Romero Cortés

Te quiero la vida, amor,
como el sol quiere al amanecer,
como la luna sueña con la noche,
como el río busca el mar para ser.

En tus ojos hallé mi refugio,
en tu risa, la melodía del viento,
en tus abrazos, mi hogar eterno,
y en tus besos,
el tiempo detenido en un momento.

Te quiero la vida, amor mío,
en cada suspiro, en cada latido,
en cada estrella que nos ha visto,
y en cada sueño compartido.

Fuiste el faro en mis noches oscuras,
la calma en mis tormentas más fuertes,
mi brújula en mares inciertos,
y el eco de mis mejores días.

Te quiero la vida, amor,
aunque Dios nos haya separado,
tu esencia vive en mi alma, tu recuerdo,
en mi corazón tatuado.

Eres la historia más bella,
el amor más puro y sincero,
el capítulo que nunca olvidaré,
y el amor eterno que siempre tendré.

Te quiero la vida, amor,
más allá de lo tangible y lo real,
más allá de este mundo efímero,
te quiero hasta la eternidad.

NUNCA TE FUISTE

A la memoria de Antonio Romero Cortés

En cada rincón de mi memoria,
tu risa resuena como un eco eterno.
Tus pasos aún marcan el camino, aunque tus huellas ya no estén visibles.

Los días pasan, y el tiempo avanza, pero en mi corazón, tú permaneces.
Tu voz susurra en el viento,
y en cada susurro, te siento cerca.

El aroma de tu presencia
flota en el aire de mis sueños.
Cada pensamiento lleva tu nombre,
 como si nunca te hubieras ido.

Tu esencia está en cada amanecer,
en la luz suave del atardecer.
Eres el latido constante,
el suspiro profundo de mis anhelos.

Aunque tus manos ya no me toquen,
y tu mirada no se cruce con la mía,
en el universo de mi alma,
sigues siendo la estrella que mas brilla.

Nunca te fuiste,
porque vives en cada parte de mí.
En mis risas, en mis lágrimas,
en el amor que nunca se extingue.

EL GRITO DE TU AUSENCIA.

Te fuiste una tarde en la que los geranios lloraban,
como si presintieran que tu sombra ya no volvería
a caminar descalza por el patio tibio de las cuatro.
Y desde entonces, el silencio tiene tu nombre
escrito en cada esquina del aire.

No fue tu partida lo que me dolió,
sino el eco perpetuo de tus pasos no dados,
la taza de café que se enfría cada amanecer
esperando tus labios que ya no existen.
El reloj se volvió viudo,
y el tiempo, un viandante ebrio
que tropieza con tus recuerdos.

He hablado contigo en los espejos,
en la neblina que se posa en las ventanas,
en los suspiros que lanza la casa como un animal herido.
Hasta el perro viejo, que nunca creyó en despedidas,
duerme con tus zapatillas como quien abraza una oración.

Dicen que el olvido es una forma de descanso,
pero el mío se resiste como un niño
a dormir sin tu arrullo.
Tu ausencia no es un vacío:
es un grito de papel,
una carta que no llega,
un beso suspendido en el limbo de lo imposible.

Y sin embargo, te amo.
Con la terquedad de los fantasmas,
con la fe absurda de los náufragos,
te amo en cada cosa que se niega a olvidarte.
Porque hay ausencias tan feroces,
que se quedan a vivir para siempre
en la médula de la esperanza.

EN EL REFUGIO DE TUS MANOS.

Te guardo en el cuenco de mis manos
como la luna guarda el secreto del mar,
como la tierra abraza a la semilla
antes de que despierte en flor.

Duermes en mí
como reposa la luz en la tarde,
como el canto se acuna en la garganta
antes de nacer palabra.

Tu piel es la patria del milagro,
tu silencio, mi himno sin música.
En tu pecho —donde mi nombre respira—
descansa la eternidad de un instante.

No te amo con los labios,
te amo con las raíces del alma,
con la sangre que tiembla en su música secreta,
con los sueños que aún no me han visitado.

Eres el fuego que no quema,
la calma que no duerme,
la promesa cumplida antes de ser pronunciada.

Y si un día el mundo callara,
si el tiempo cayera rendido,
seguiría buscándote en la brisa,
en la forma del cielo,
en la nostalgia del universo.

Porque amarte
es llevar al infinito en los dedos,
es cerrar los ojos
y sentir que en mi abrazo
el amor, por fin,
tiene un rostro.

MADRE, ERES...

Madre, eres el tiempo antes del tiempo,
el rostro que mi alma reconocía
cuando aún no era yo, y ya sabías
el peso de mi nombre y mi silencio.

Eres la patria antigua de mi sangre,
el hilo que no cede en el laberinto,
la guardiana de un fuego tan extinto
que vive en cada sombra que me albergue.

Eres la forma pura de la gracia,
la voz sin voz que ordena lo invisible,
el sueño donde todo es comprensible
y el mundo se sostiene en tu mirada.

No hay azar en tu amor. Es arquitectura.
Es cifra, es luz, es música callada.
Madre, eres el umbral, la cerradura,
la eternidad vestida de jornada.

Y si al fin soy apenas lo que escribo,
un eco entre los muros de la suerte,
madre, eres tú mi único motivo,
mi argumento contra toda muerte.

CARTA DE FUEGO

Quisiera que mi boca fuera pluma,
y mi saliva, la tinta inverosímil
que en tu piel escribiera las palabras
que ninguna muerte podría borrar.

Serías tú el pergamino infinito,
y cada caricia un signo secreto
cifrado en la lengua de los dioses
para decirte lo que no sé decir.

No quiero hablar de un amor cotidiano:
quiero hundirme en el incendio antiguo,
donde los cuerpos olvidan su nombre
y sólo arde el fulgor de las almas.

Te escribiría cartas invisibles
que el tiempo no podría deshacer,
y que serían ceniza y centella
ardiendo dentro de tu corazón.

Así, cuando la vida sea un eco,
cuando el mundo se disuelva en la bruma,
mis palabras seguirán latiendo en ti:
un fuego sagrado, un acto de fe.

SIMPLEMENTE LLÁMALO, AMOR

Llámalo amor cuando mis manos te busquen
en la penumbra de un sueño compartido,
cuando el alba nos despierte con su asombro
y tu piel sea el idioma de mi destino.

Llámalo amor cuando el tiempo se detenga
en el abismo dulce de un abrazo,
cuando el mundo se reduzca a tu latido
y la distancia no sea más que un fracaso.

Llámalo amor si mis versos te pronuncian
con la sed infinita del deseo,
si mis labios encuentran en los tuyos
la certeza de que aún todo es nuestro.

Llámalo amor, sin miedo, sin preguntas,
sin el peso de nombres ni fronteras,
porque el amor no cabe en los diccionarios,
porque el amor es todo, aunque no lo sepas.

LLUEVE EN MI TU NOMBRE

Llueve. Y no es agua:
es tu voz que cae,
gota por gota
desvistiendo el alma.

Llueve. Y te pienso
como se piensa al amor cuando duele,
como se abraza el vacío
con los brazos llenos de espera.

Tus ojos, lluvia en mis inviernos,
destilan la nostalgia de las cosas no dichas,
y yo, caminante de tus silencios,
me pierdo en charcos que llevan tu sombra.

Amo la lluvia porque sabe a ti.
Porque moja mis labios
con la sal de tus palabras ausentes,
y escribe tu nombre
en la niebla de cada ventana cerrada.

Llueve.
Y yo no busco paraguas ni abrigo.
Dejo que me empapes.
Que me laves las heridas con tu ternura líquida.
Que te filtres por mis grietas,
como una promesa que se cumple en secreto.

Si algún día preguntas
cómo te amé…
te diré que como a la lluvia:
sin pedirle al cielo explicación,
sin temor a la tormenta,
con los ojos cerrados
y el corazón descalzo.

HIMNO DE LO INVISIBLE

(para quien ama sin tiempo)

Te reconozco.
No por tu rostro —que cambia—
ni por tu voz —que calla—
sino por la llama sin nombre
que arde cuando te pienso.

Eres el lugar al que regresan
todos los exilios.
La patria no dicha del alma.
El temblor sagrado
donde el universo se disculpa
por su soledad.

Nos tocamos,
pero no con las manos.
Con memorias que no vivimos,
con futuros que nos sueñan,
con el oro leve
de una flor que se abre
en la sombra.

En ti se detiene el tiempo,
como si el reloj recordara
que fue inventado
para medir distancias,
no milagros.

Y sin embargo,
no eres sólo tú.
Eres todas las que fueron amadas
por los hombres que partieron a la guerra
con una carta en el bolsillo.
Eres todas las que esperaron
al borde del abismo
creyendo aún en el regreso.

Eres la forma del amor
cuando el amor deja de ser deseo
y se convierte en oración.

Si un día se acaba el mundo,
que se acabe aquí,
en esta eternidad de un segundo,
cuando nuestros ojos se encuentran
y Dios
  —por fin— comprende
para qué inventó la luz.

3. INTIMIDAD

ABRIL

Abril, antigua música del alba,
luz detenida en el temblor del aire,
nombre esculpido en mármol de la tarde
donde el amor escribe su letargo.

Te nombro y la palabra se despliega
como un aroma en las orillas ciegas
del tiempo que en tus manos se detiene
y torna eternidad lo que era arena.

Porque en abril la vida se desnuda,
tiembla la sombra, callan las espadas,
y en el espejo dócil de la lluvia
tu rostro se disuelve y se me escapa.

Oh, dulce azar de un beso en la penumbra,
eco de un juramento que no acaba,
abril, abrigo puro de la ausencia,
mirada que en la mía se desangra.

Y si el olvido un día nos alcanza,
si el mundo nos arranca de su historia,
quedará abril, su frágil sortilegio,
tejiéndonos de amor en la memoria.

LLUVIA DE SANGRE EN MANHATTAN

Las farolas lloraban peces oscuros
sobre el cemento enfermo de fiebre y petróleo.
Un caballo sin ojos mordía la luna
desde el andamio gris de un rascacielos roto.

¡Ay, qué tristeza de puertas cerradas!
¡Ay, qué martillos de niebla en los hombros!

Por los parques sin árboles gime una niña
con los brazos de niebla y los labios de polvo.
Tiene un reloj sin tiempo en el pecho,
y un enjambre de grillos en los ojos.

Las vitrinas devoran palomas heridas,
y los semáforos tiemblan con miedo.
Un río de cadáveres baja por Broadway
mientras la noche muerde con dientes de fuego.

Gritan los trenes con voz de culebra,
y en Harlem la luna se viste de negro.

Yo vi al ángel de vidrio caer por la Avenida,
con un grito de espuma clavado en el cuello.
Vi las manos del mundo encadenadas
a un piano sin teclas,

a un dios sin consuelo.

EN ALGUN LUGAR.

En algún lugar, más allá del tiempo,
donde la luz no hiere ni consuela,
una biblioteca aguarda en silencio
con libros que jamás fueron escritos.

Allí reposa el nombre que perdimos,
el rostro que olvidó nuestro reflejo,
y un dios menor —ciego y melancólico—
baraja el polvo de los sueños muertos.

En algún lugar, las calles no conducen
a casa alguna, sino al infinito,
y un niño, que acaso fui o seré un día,
construye con palabras el destino.

Las sombras saben más que la memoria.
Un eco que no cesa nos recita
versos que el alma entiende pero calla
como si el alma fuese ya ceniza.

¿Quién escribió el dolor de cada cosa?
¿Quién talló el corazón en la materia?
Un ángel fatigado de existencia
se sienta a conversar con las estrellas.

En algún lugar —nadie sabe dónde—
todo lo amado aguarda en lo imposible,
como un perfume intacto en la penumbra
o una verdad detrás de lo visible.

Y quizás, al fin, no haya más secreto
que esta sed de belleza que nos quema:
el arte de perder lo que no era,
la fe de caminar sin el regreso.

ALEGRIA.

La alegría no hace ruido.
Camina lenta y descalza
por los márgenes del mundo,
donde el alma se desgrana.

Lleva un pañuelo bordado
con soles de antiguas casas,
y en su aliento va el aroma
de una infancia que no pasa.

No la verás en los templos
ni en los brindis de la plaza;
la alegría es como el musgo:
nace en la piedra callada.

Va vestida de domingo,
aunque viva en la hojarasca,
y en los ojos le titilan
dos luciérnagas del alba.

Cuando el mundo se derrumba,
ella canta entre las ramas.
No pregunta, no razona:
sólo existe y se derrama.

Alguien dice que es del viento,
otros juran que es del agua…
Yo la vi brotar, tan pura,
de una niña que bailaba.

Era pobre, iba descalza,
cruzaba el campo sin mapa,
y en la frente le brillaba
una estrella sin palabras.

¡Ay, si el mundo la buscara
no en coronas ni en batallas,
sino en la luz
 que provoca
una mano que da el alba!

LAGRIMAS DE CRISTAL.

En la noche de los lirios dormidos,
lloran los espejos del alma,
y en cada lágrima —clara y callada—
se quiebra una estrella sin ruido.

Lágrimas de cristal sobre el pecho,
como campanas que nunca repican,
como jazmines caídos del cielo
que el viento arrastra sin prisa.

¿Quién llora detrás del silencio?
¿Quién borda penas en el rocío?
Una luna verde, temblando de frío,
pinta sus ojos en el espejo del tiempo.

El alma, vestida de encaje y duelo,
baila sola bajo un ciprés antiguo,
y cada paso deja en el suelo
una semilla de olvido.

Lágrimas de cristal —dolor puro—
nacen de fuentes que nadie nombra.
Y el corazón, como un laúd oscuro,
canta su pena con voz de sombra.

LIRIOS BLANCOS

Lirios blancos en la noche,
como lunas en el suelo,
van llorando con el alba
sus misterios de terciopelo.
Tienen voz de madre muerta,
y perfume de deseo,
como un suspiro que flota
sobre un campo sin labriego.
La sangre calla en las venas
cuando su blancor se acerca,
porque el lirio, tan callado,
lleva un puñal en su esencia.
Ay, qué pena tan callada
se le esconde entre los pétalos,
como un niño que en la sombra
sueña mares y cementerios.
¡Oh lirios de la amargura,
rezad por los que se fueron!
Que en vuestro cáliz de nieve
duerme la luz del recuerdo.
Bajo el cielo andaluz tiemblan,
como almas en destierro,
y en su aroma se deshace
la luna en un triste beso

LA VIDA ES UN INSTANTE

La vida es un instante de oro y ceniza,
un latido fugaz entre dos sombras,
un río que nunca regresa a su orilla,
un soplo en la vasta respiración de Dios.

Es la luz que tiembla en la piel del agua,
el alba que incendia la frente del mundo,
un niño que ríe sin miedo al olvido,
el viento en la hierba, la música en todo.

Es la voz de un nombre que amamos un día,
la mano que un día tembló entre la nuestra,
el libro que nunca tuvimos el tiempo
de abrir, aunque dentro cantaba la vida.

La vida es el arte de arder sin ceniza,
de amar aunque todo se borre en la arena,
de alzar la mirada, de ser lo que somos,
de dar sin medida, de irnos sin miedo.

Y al final, cuando el sueño nos cierre los ojos,
cuando el mar nos llame con su voz primera,
seremos el eco de un sol que no muere,
el soplo de un dios que jamás nos olvida.

TODO FLUYE

Todo fluye,
como un río que no sabe su destino
y aun así canta mientras corre.
Nada permanece,
ni la sombra en la pared,
ni la brisa en la tarde,
ni siquiera el eco de mis pensamientos.

Soy la suma de instantes que se deshacen,
el pasajero de un tren sin estaciones,
un soñador que despierta
antes de entender el sueño.

El tiempo no pregunta,
el tiempo no espera,
se desliza entre los dedos
como arena tibia de algún verano olvidado.

Y sin embargo,
qué hermoso es existir en este vaivén,
saber que aunque todo se esfuma,
el momento en que respiro es real,
y en ese latido fugaz,
soy infinito.

EL ECO DEL ABISMO

Soy un hombre y no soy un hombre,
sólo un nombre que se disuelve en la memoria,
como el último susurro de un dios que olvida
las oraciones de los hombres,
como un sueño que se desvanece al alba
y queda, sin embargo, colgado en el aire
como una estrella que nunca existió.

He buscado en cada esquina del tiempo
una respuesta que se escapa,
como la sombra de una rosa que nunca floreció,
y he encontrado que el laberinto no tiene salida,
que el sol no ilumina, sino que arde,
que la verdad es sólo un eco
de un verbo que ya se ha dicho,
un silencio que aún resuena en el abismo.

Hay una ciudad en la que los hombres
no caminan, sino que se detienen
en el umbral de sus propios recuerdos,
y sus ojos, ya cansados, buscan un reflejo
en el agua estancada del olvido,
pero al mirarse, ya no se ven,
pues han perdido la memoria de sí mismos,
como los ecos de una voz que se apaga
en el vasto y antiguo universo.

Y sin embargo, entre todas las sombras,
entre todos los recuerdos que se disuelven
como niebla en el viento,
hay algo que persiste:
un amor que nunca fue,
un encuentro que nunca ocurrió,
y en ese abismo callado,
en ese espacio donde el tiempo ya no existe,
yo te encuentro, y tú me encuentras,
en un instante que no tiene principio ni fin,
y ahí, por fin, somos eternos.

SILENCIO

No habla el silencio. Y sin embargo dice
lo que el rumor del mundo no pronuncia.
Es un dios sin altar, sin sacrificio,
que observa desde el centro de la ausencia.

No es vacío. Es un orden más secreto,
una cifra que el tiempo no descifra.
Un símbolo que flota en el abismo
como un espejo ciego que medita.

He visto su perfil entre las ruinas,
en la página en blanco de un poema,
en la pausa que existe entre dos notas
y en el temblor del alma que se entrega.

Silencio es el lenguaje de los otros,
los que se han ido y aún siguen hablando.
Es el último rostro de los sueños,
la voz de Dios que nunca está esperando.

El silencio no es ausencia: es presencia
de lo eterno, de aquello que no cambia.
Es un laberinto sin paredes,
un tiempo detenido en su distancia.

MIEDO

No sé quién tiembla en mí cuando la noche cae.
Camino como un sueño que no se sueña entero,
y todo lo que miro —la lámpara, el vaso, el suelo—
parece mirarme de vuelta,
con ojos que no son míos.

Tengo miedo del silencio porque se parece a Dios,
y de Dios porque es un eco sin rostro,
una voz sin labios,
una presencia que no pesa, pero asusta.

Soy muchos, y en la sombra,
cada uno de esos yoes discute con el otro
sobre lo que no se ve.
No hay verdad más profunda que el miedo:
ese altar sin nombre donde arde
el incienso de lo que no entendemos.

Quisiera ser simple como un árbol en la lluvia,
sin conciencia del trueno,
sin saber que existe el viento,
sólo estar.
Pero pienso.
Y pensar es abrir la puerta a un huésped oscuro
que no siempre se quiere sentar.

Así escribo,
no para decir,
sino para distraer al miedo
con palabras que parezcan coraje.

4. DIVINIDAD

NUESTRO DIOS

Nuestro Dios no es el Dios de las respuestas,
sino el de los vientos que preguntan.
No es el relojero de las horas exactas,
sino la brisa que olvida el tiempo.

Nuestro Dios es un Dios de sombras largas,
de caminos que nadie traza,
de luces que apenas rozan la piel
como una revelación nunca completa.

No está en las torres de mármol pulido
ni en los rezos que el miedo pronuncia.
Es la mano callada en la frente febril,
el pan partido sin nombre ni testigos.

Es el río que corre sin dueño,
la estrella que brilla para nadie,
el susurro del mundo cuando nadie escucha,
el poema que nunca se acaba.

Y aunque el hombre lo busque en los templos,
en las leyes, en los libros sagrados,
Él sigue siendo el Dios de los pájaros libres,
de las almas que aman sin miedo.

DIOS CALLA PARA QUE NOSOTROS HABLEMOS

Dios calla. No por ausencia,
ni por el azar del silencio,
sino porque en su callar
reside el acto primero: el dejar ser.

Calla como el mármol antes del cincel,
como la página antes del verbo.
Calla para que el hombre invente
nombres, destinos, mitologías.

En el principio fue el Verbo,
pero el Verbo brotó del abismo callado,
de un misterio anterior a los nombres
y a los dioses que pueblan el tiempo.

El hombre habló. Y en su hablar
trazó ciudades, guerras, recuerdos,
el amor que se escurre entre espejos,
y el miedo que gime tras los umbrales.

Dios calla, como quien sabe
que el eco es también una forma de fe,
y que el que busca en el silencio
ha comenzado a entender.

No hay castigo en su mutismo,
ni juicio en su mirar sin ojos;
hay apenas la oferta infinita
de que seamos nosotros los poetas del mundo.

Y así, cada palabra que decimos
es una tentativa de crear como Él,
un modo de acercarnos
al centro mudo de la verdad.

El SENDERO DEL AMOR

He caminado siglos en los sueños,
por bibliotecas hechas de oro y sombra,
donde el Amor, en forma de Palabra,
susurra el Nombre oculto del Eterno.

Dios, que es espejo y laberinto,
no está en el trueno ni en la cifra exacta,
sino en la pausa leve de una mirada,
en el temblor secreto del olvido.

Lo he visto—o lo he soñado—en el reflejo
de unos ojos que amaron sin promesa,
como si el tiempo, al verse en su tristeza,
se abriera como un libro hacia el misterio.

Porque amar es perderse sin medida
y hallarse luego en otro sin saberlo.
Es pronunciar Su nombre sin decirlo,
es caminar con fe hacia la caída.

¿Y qué es el alma, sino un pergamino
donde Dios escribe con tinta de fuego
cada gesto, cada abrazo, cada ruego
que damos sin pensar, como el destino?

El Amor no pregunta, no razona:
es un sendero oculto entre dos almas
donde Él, el Invisible, se corona
con la luz silenciosa de la calma.

Así te amo, y en ti a Él venero.
Porque en tu voz, tu piel, tu breve aliento,
yo siento a Dios: no en dogma ni argumento,
sino en la eternidad de lo sincero.

El EQUIPAJE DE LA LUZ

No pesa el mundo cuando se ama.
No hay distancia, si el corazón es casa.
La senda, que a otros quiebra y desgasta,
se torna canto cuando el alma abraza.

He visto hombres doblarse por el oro,
y sombras que se arrastran por la duda.
Pero aquel que lleva Amor en su alforja
camina entre estrellas… y no lo sacude la bruma.

No hay piedra ni desierto que lo hiera,
ni noche que le borre la esperanza.
Porque el que ama —de veras— lleva
la eternidad como una llama en la palma.

¿Y no es acaso eso el milagro más profundo?
Que al llevar a otro en nosotros, ligeros vamos,
como si el peso fuera un juego del mundo,
y el dolor, apenas eco en nuestras manos.

Los siglos pasan. Las torres caen.
Los mapas se olvidan. Los nombres se borran.
Pero el que caminó con Amor en la sangre
es eterno. Su paso aún canta en las horas.

Lleva Amor, y serás más que cuerpo.
Serás puente. Serás luz. Serás destino.
Porque no hay carga, ni abismo incierto,
cuando lo que se lleva… es divino.

CUANDO YA NO ESTÉ..

Cuando ya no esté,
no llores mi nombre en la tierra seca,
búscame en el canto de la alondra
y en la sangre dormida de las amapolas.

Estaré en la luna que lame los tejados,
en la sombra azul de los olivos viejos,
donde el viento silba coplas sin dueño
y los cipreses cuentan secretos al cielo.

Mi voz se hará raíz bajo tus pasos,
y el silencio tendrá mi corazón escondido,
como un clavel que no quiere marcharse
de la mano que amó sin ruido.

Cuando ya no esté,
recuérdame en las noches de escarcha,
cuando el alma se te parta en dos mitades
y no sepas cuál es la que abraza.

No estaré lejos, amor.
Seré la brisa que abre tu ventana,
la lágrima que no cae,
el poema que tiembla y nunca acaba.

—Porque el alma no muere,
solo cambia de casa.

DIVINA

En la sombra del olivo
tiembla la voz de la tierra,
una doncella sin nombre
reza descalza y espera.

Tiene en los ojos la luna,
y en el pecho una candela
que no se apaga en la lluvia
ni en el filo de la pena.

Dios baja por la colina
vestido de sangre y yedra,
no habla, pero su aliento
rompe las piedras más viejas.

La niña le da su canto
como quien entrega estrellas,
y él le besa la frente
con lágrimas de madera.

"¿Por qué lloras, mi lucero?"
pregunta la voz serena.
"Porque soy luz sin camino,
porque soy cruz sin respuesta."

El cielo tiende sus manos
con palomas en las yemas,
y el campo entero se calla
para escuchar su tristeza.

Oh divinidad doliente,
flor entre espinas eternas,
tu llanto es vino de vida
y tu amor, raíz secreta.

PASEANDO POR LAS NUBES

He soñado, quizás, con un cielo sin nombre,
donde el tiempo camina sin sombra ni prisa,
y una nube —la mía— me lleva en su lomo
como si supiera que fui desterrado.

Allí, los relojes son pájaros ciegos
y las calles se pierden en giros dorados,
como el laberinto que un dios fatigado
olvidó dibujar en el aire infinito.

Mi padre, que nunca creyó en los milagros,
me habló en el susurro de un viento de antaño;
dijo: "Toda nostalgia es la forma más pura
que el alma ha elegido para no morir".

Y entendí que el amor —como toda certeza—
no habita en los hechos, sino en el recuerdo;
que un beso en el sueño es más real que mil rostros
si uno ha sido fiel a su propia ilusión.

Caminar por las nubes no es huir del abismo,
sino alzar la mirada sin miedo al final.
Porque acaso la vida, en su cósmico juego,
es tan solo un instante de luz… suspendido.

Y en la bruma celeste donde Borges reposa,
me atrevo a pensar —con temblor y asombro—
que también él soñó este paseo sin cuerpo,
y que un verso lo guio hacia su eternidad.

ESE CIELO

Ese cielo,
¡ay, ese cielo!,
con su corona de lirios
y su temblor de veneno.

Cielo de los ruiseñores
muertos de amor en el eco,
cielo que guarda en su entraña
el gemido de los viejos.

Tiene un cuchillo de plata
clavado sobre el almendro
y un niño lo ve temblando
desde el borde del silencio.

Los jazmines se desmayan
en su azul de terciopelo,
y la luna, como novia,
se descalza entre los huertos.

¡Qué cielo de pena blanca!
¡Qué cielo de sangre quieto!
Se le caen los luceros
como clavos del misterio.

Los caballos de la sombra
lo atraviesan galopando,
y en sus crines va la música
de los sueños olvidados.

Yo lo vi cuando dormía
con las venas del deseo,
y me besó con su niebla
y su aliento de destierro.

Cielo de madre sin hijo.
Cielo de toro sin ruedo.
Cielo que canta en los labios
de los muertos que no duermen.

Y tú, que lo nombras leve
como quien toca un recuerdo,
no sabes que ese azul triste
te lleva ya por dentro.

Ese cielo no se dice,
ese cielo es un espejo
donde Dios a veces llora
cuando el mundo queda lejos.

5. TAUROMAQUÍA

A LA LID DEL TIEMPO

No es la sangre, ni el grito ni la muerte
lo que canta el clarín en la arena;
es el rito, más antiguo que la suerte,
del hombre que corteja a su condena.

Bajo el oro del sol, en la cadencia
de un pase, nace un arte sin medida,
y en el lento girar de la presencia
se consuma la música de la vida.

El toro, sombra de la noche ibera,
es un dios que no sabe de clemencia,
y el torero, con gesto de quimera,
escribe con su cuerpo su existencia.

No hay violencia: hay destino, hay geometría.
El capote —como un verso que se estira—
traza en el aire una melancolía
que al filo de la espada se respira.

Es danza y es amor. No hay arrogancia
en quien frente al abismo se presenta,
sino una antigua y muda concordancia
con la belleza trágica que enfrenta.

Aquí no muere el toro, nace el mito;
aquí no vive el hombre, se desgasta
como un símbolo puro, infinito,
que a la muerte la viste de una casta.

64

Qué prodigio este duelo sin palabras,
donde el tiempo se curva y se demora,
y el instante —como el álgebra— labra
un destino que el alma nunca ignora.

Así en la plaza, el ruedo es un espejo
donde el hombre se mira sin defensa:
no para vencer, sino en el reflejo
buscar en el terror la trascendencia.

Porque acaso —como en sueños lo ha sabido
el ciego que tejía laberintos—
el toro y el torero están unidos
por los hilos secretos de los quintos.

Y al final, en la arena desbordada,
no hay un cuerpo vencido, sino un canto,
una lágrima oculta y alada
que eleva el arte más allá del llanto.

ABISMO DE AZAHAR Y SANGRE.

En el vientre de la noche,
un ruiseñor se desgaja.
Tiene el canto enrojecido
de tanto besar al alba.

La luna —vieja hechicera—
lava sus manos de escarcha
en un pozo de silencio
que no tiene fondo ni calma.

Abismo.
Nombre de sombra dormida
que se despierta en el alma.
Tiene sabor de cuchillo
y perfume de Granada.

Por los montes va la pena
con su vestido de agua,
y los cipreses la abrazan
con sus raíces atadas.

Un niño de cobre y trigo
llora versos en la plaza.
Cada lágrima que cae
es un clavel que se apaga.

Y un toro de fuego lento
brama al borde de la nada.
Sus ojos —dos lunas rotas—
ven lo que el mundo no habla.

¡Ay, corazón que no miras,
no sabrás nunca qué pasa!
Que el abismo no es la muerte...
es un jardín sin entrada.

A LA SOMBRA DEL ALBERO Y LA SANGRE

Bajo un cielo de cal viva
camina el torero solo,
la luna le clava espinas
en el borde del pañuelo.

Tiene un temblor en la palma,
no es de miedo, es de deseo.
El ruedo es flor que se abre
al filo de su silencio.

¡Ay, toro negro de sombra!
¡Ay, clavel de los aceros!
La muerte baila desnuda
con su peineta de fuego.

Canta el clarín su romance
de oro viejo y de misterio,
y el capote, como ala,
vuela con duende flamenco.

Los ojos del pueblo tiemblan,
los niños no tienen sueños.
Una mujer se persigna
tras los barrotes del tiempo.

Y en un pase de verónica
se le escapa el alma al viento,
como guitarra que llora
cuando se queda sin dueño.

EPILOGO

Hay viajes que comienzan con un temblor en el pecho, con una palabra que no sabe aún cómo pronunciarse, con un pensamiento que no busca ser perfecto, sino verdadero. Así nació Cielo de papel: como un suspiro en medio del silencio, como un cielo construido con los retazos de mi alma.

Escribir este poemario ha sido un acto de búsqueda, de renacimiento… Cada poema que aquí habita es una parte de mí que decidió volar, dejarse ver, y al hacerlo, sanar. A veces, escribir fue como sostener una herida entre los dedos; otras, como acariciar la luz después de una larga noche.

Ahora, al cerrar este pequeño universo de palabras, siento la necesidad más profunda de agradecer.

Gracias, con todo mi corazón, a Miguel Creces. No solo por su colaboración, sino por su presencia constante, por su fe en mí incluso en los días en que yo no encontraba la forma de tenerla. Miguel ha sido testigo y compañero en este camino de papel y viento. Sus palabras, su sensibilidad y su abrazo silencioso están escondidos entre los versos, como raíces invisibles que sostienen lo que florece.

Gracias a mi familia, que ha sido hogar incluso cuando yo no sabía cómo volver. Ellos han sido faro, tierra firme, abrazo de esos que no piden nada a cambio. Su amor me ha sostenido en los momentos de duda, y ha celebrado conmigo cada pequeño paso, cada página escrita, cada lágrima convertida en verso.

Y gracias a ti, que estás leyendo esto. Gracias por detenerte en estas páginas, por prestar tu alma a mis palabras. Gracias por entender, por sentir, por permitir que mi voz —a veces quebrada, a veces suave, a veces intensa— encontrara un eco dentro de ti. Sin lectores como tú, los poemas serían solo viento en una habitación cerrada. Tú los haces volar. Tú haces que este cielo tenga sentido.

Este poemario es mi primer latido hecho libro. Mi primer vuelo sin alas. Mi primer cielo de papel.

Y aunque este sea el final de estas páginas, no es un adiós. Es una semilla. Porque todo lo que nace del corazón, vuelve. Porque todo lo que se dice con verdad, permanece. Porque, de alguna forma, mientras alguien lea estos versos, seguiré aquí, latiendo en cada palabra.

Gracias por estar.

Gracias por sentir.

Gracias por ser parte de este cielo.

Con amor infinito…
PEDRO CARRANZA.
Poeta

Índice

HERÁCLITO 9
PRÓLOGO 11
1. LITERATURA....................13
   CIELO DE PAPEL 14
   LOCURA....................15
2.AMOR....................17
   MUJER....................18
   TE QUIERO LA VIDA, AMOR 19
   NUNCA TE FUISTE 21
   EL GRITO DE TU AUSENCIA. 22
   EN EL REFUGIO DE TUS MANOS. 24
   MADRE, ERES... 26
   CARTA DE FUEGO 27
   SIMPLEMENTE LLÁMALO, AMOR....................28
   LLUEVE EN MI TU NOMBRE....................29
   HIMNO DE LO INVISIBLE....................31
3. INTIMIDAD 33
   ABRIL....................34
   LLUVIA DE SANGRE EN MANHATTAN 35
   EN ALGUN LUGAR. 36
   ALEGRIA. 38
   LAGRIMAS DE CRISTAL. 40
   LIRIOS BLANCOS 41
   LA VIDA ES UN INSTANTE....................42
   TODO FLUYE....................43
   EL ECO DEL ABISMO 44
   SILENCIO....................46
   MIEDO 47

4. DIVINIDAD 49
   NUESTRO DIOS..50
   DIOS CALLA PARA QUE NOSOTROS HABLEMOS51
   El SENDERO DEL AMOR 53
   El EQUIPAJE DE LA LUZ..55
   CUANDO YA NO ESTÉ...56
   DIVINA..57
   PASEANDO POR LAS NUBES....................................59
   ESE CIELO 60
5. TAUROMAQUÍA 63
   A LA LID DEL TIEMPO 64
   ABISMO DE AZAHAR Y SANGRE...........................66
   A LA SOMBRA DEL ALBERO Y LA SANGRE 68
EPILOGO 69